AF321778

L'ALLÉGRESSE PUBLIQUE,

SUR

LE NOUVEAU REGNE

ET

LE GLORIEUX AVÉNEMENT

DE LOUIS XVI AU TRÔNE,

CONVERSATION FAMILIÈRE

Entre deux Parisiens & un Habitant de Passy,

Pour servir de suite au CRI DU CŒUR sur l'ÉDIT DU ROI, du 30 Mai 1774.

Amamus quæ nos amat.

A PARIS,

Chez CAILLEAU, Imprimeur-Libraire, rue Saint-Severin, dans la porte cochère à côté du Papetier, vis-à-vis des murs de l'Église.

M. DCC. LXXIV.

AVEC APPROBATION ET PERMISSION.

INTERLOCUTEURS.

M. PINCERIME, Poëte.

M. DOSSIER, Clerc de Procureur. } *Parisiens.*

M. ADVERBE, Maître d'École de Passy.

Le Lieu de la Scène est aux environs de Paris, dans une Guinguette des Champs-Elisées, près de la grille de Chaillot.

L'ALLÉGRESSE
PUBLIQUE,
CONVERSATION FAMILIERE
SUR LE NOUVEAU REGNE.

M. PINCERIME.

IL eſt trois heures!.. & M. Doſſier ne vient pas!.. à l'entendre, il devoit être ici le premier... Si par ſa faute, je ſuis privé de voir aujourd'hui le ROI & la REINE, je me brouille avec lui pour la vie; cela eſt décidé; ... j'ai beau regarder tous ceux qui entrent, ce n'eſt jamais lui...

> Dois-je eſpérer encore, & mon impatience
> A-t-elle prolongé le tems de ſon abſence !

S'il pouvoit deviner tout ce que j'ai à lui dire, ſon empreſſement lui donneroit des aîles... Ah! s'il eſt content de la Chanſon que je lui ai faite ſur le Regne de Louis XVI, que dira-t-il donc de mon rêve, lorſque je lui en ferai le récit?... Je veux l'enchanter..... mais le voilà!.. Bon jour, mon cher ami. Vous m'avez furieuſement fait attendre...

M. DOSSIER.

J'ai tort: pardonnez-moi... voilà le ſujet qui m'a retenu... je viens de lire la Gazette. J'ai vû, avec plaiſir, le rétabliſſement de la ſanté de MESDAMES,

M. PINCERIME.

Ah, morbleu! je ſuis bien-aiſe qu'Elles aient eu la

force d'échapper aux griffes, armées de serpens, de ces Harpies sanguinaires, dont le venin, vrai fléau de l'humanité, nous a enlevé leur AUGUSTE PERE... J'aurois été au désespoir qu'Elles eussent succombées à cette maladie contagieuse que leur piété filiale leur avoit attirée ....

M. DOSSIER.

On voit bien que vous êtes Poëte, M. Pincerime, votre façon de vous exprimer est tout à fait noble.... Vous êtes encore rempli de ces pensées énergiques, dont vous vous serez servies pour la Chanson que je vous ai prié de me faire à la louange du ROI.

M. PINCERIME.

Ah, M. Dossier! que je vous ai d'obligation!.. j'ai passé la nuit la plus délicieuse!.. j'ai fait le plus beau songe, par rapport à votre Chanson!...

M. DOSSIER.

Tant mieux, elle en sera meilleure : les circonstances sont si favorables... Notre jeune Roi s'annonce avec tant de bonté, que l'on ne s'entretient partout que du bonheur dont on espere jouir sous son Regne.

M. PINCERIME.

Je vous en réponds. Le Regne de notre Monarque sera celui de l'âge d'or. J'en ai pour garant le songe merveilleux que j'ai fait cette nuit...

M. DOSSIER.

Faites-moi donc part de ce songe dont vous me parlez avec tant de feu?

M. PINCERIME.

Avant de travailler à la Chanson que je vous ai promise, je crus devoir lire ce célebre Edit du Roi, du 30 Mai dernier ; je fus pénétré des sentimens d'humanité & de noblesse, que je remarquai à chaque phrase: cet Edit, mon ami, sera immortel dans les Fastes de l'Histoire... J'avois déja veillé une partie de la nuit... j'étois enthousiasmé de quelques couplets

que je venois de faire ; lorsque le sommeil s'empara
de mes sens, dans le moment, sans doute, où j'étois
transporté des vertus de mon Roi, de ses bienfaits
& de sa grandeur.

M. DOSSIER.

Je trouve cela fort naturel.

M. PINCERIME.

A peine fus-je enseveli dans les bras de Morphée,
que je me trouvai dans une Plaine au milieu d'un
concours prodigieux de personnes de l'un & l'autre
sexe. Le tems étoit noir, orageux. On ne se distin-
guoit qu'à peine ; encore étoit-ce à la sombre lueur
de plusieurs torches funéraires qui répandoient autour
de nous une lumiere lugubre & sépulchrale.. Curieux,
je m'informe... c'est, me dit-on, avec tristesse, le
Convoi de LOUIS XV... Dans l'instant, je leve les
yeux, & je le vois passer avec la rapidité de l'éclair...
On se retiroit consterné, quand tout-à-coup le tems
devient serein, le nuage se dissipe, le Ciel s'éclaircit.
On respire un air plus pur... Enfin le Soleil paroît
dans toute sa splendeur... Quelle est notre surprise !
on découvre à travers les sillons de lumieres, produits
par les rayons éclatans de cet Astre divin, on découvre, dis-je, un Trône majestueux dans les airs,
environné de la gloire des Lys & soutenu par les
Vertus... La joie ne succédoit point encore à la tristesse... Mais lorsque nous y vîmes assis un jeune Héros
& sa Compagne, tous les deux couronnés par la
Religion, & le Sceptre de la France à la main, la
Candeur & l'Humanité à leurs côtés ; on s'écrie de
toutes parts : ah ! Dieu ! c'est le Dauphin ! c'est la
Dauphine ! c'est notre Roi ! c'est notre Reine !.. Ce
sont Eux que le Ciel nous destine pour tenir les
rênes de l'Empire François !.. Nous nous proster-
nons,... nous rendons à l'Etre suprême, mille actions
de graces... Ensuite nous nous jettons aux pieds du

Trône, pour offrir nos cœurs à Leurs Majestés; lorsque le Roi, consultant la Candeur & l'Humanité qui l'accompagnoient, se leve, & nous dit, avec cet air affable qui le caractérise si bien, ces paroles remarquables qui ne s'effaceront jamais de ma mémoire & qu'on peut appeller:

SENTIMENS HÉROÏQUES
DE LOUIS XVI POUR SON PEUPLE.

François consolez-vous: Pour servir les humains,

Le Sceptre de mon Pere a passé dans mes mains.

Je ne porterai point en vain le nom D'AUGUSTE:

Je veux faire le bien, & sur-tout être juste.

Être digne du Trône où je me vois monté,

Fera toute ma gloire & ma félicité.

Je ne m'aveugle point: le plus beau Diadême

N'est brillant à nos yeux qu'autant que l'on nous aime;

Dans votre amour pour moi, je mettrai ma grandeur,

Et de vous rendre heureux je ferai mon bonheur.

Que toujours les Vertus soient l'appui de mon Trône!

Je me charge à ce prix du poids de la Couronne.

Sur la Terre les Rois sont l'Image des Dieux,

Quand ils aiment la paix, qu'ils sont clémens comme eux.

Je veux régner ainsi: ne point chercher la guerre,

Répandre, avec les Arts, le bonheur sur la Terre,

Me faire des Amis, non des Adorateurs,

Et sur-tout éviter le poison des Flateurs....

A peine Louis XVI eut-il achevé de parler, que toute la Plaine retentit de ce Cri du Cœur: VIVE LE ROI! VIVE LA REINE!... L'un & l'autre sembloient sourire & répondre à nos justes acclamations par de legers applaudissemens de mains.... Quand nous entendîmes de notre Jeune Monarque ces mots dictés par la tendresse: VIVE MON PEUPLE!...

Alors nos cris redoublent.... Les noms de leurs Majeſtés LOUIS, ANTOINETTE, celui de l'immortelle MARIE-THERESE, Mere de notre Auguſte Souveraine, ſe trouvent confondus. A ces noms ſi chers à la Nation, des larmes de ſenſibilité coulent des yeux de notre aimable Reine; nos pleurs ſe joignent aux larmes précieuſes que cette Princeſſe nous cachoit en vain.... L'allégreſſe augmente : nous crions avec plus de chaleur encore : VIVE LE ROI! VIVE LA REINE ! C'étoit à qui ſe feroit mieux entendre de ces Monarques chéris, lorſque je me réveillai tout en ſueur, les yeux baignés de pleurs, & criant encore VIVE LOUIS!....Il faiſoit grand jour.... Je me leve précipitamment .... Et l'imagination échauffée de ce que je venois de voir & d'entendre, je prends la plume, & j'ai écrit, encore bien foiblement, toutes ces merveilles, dont j'ai été l'heureux ſpectateur.... Voilà, mon cher ami, mon ſonge....

M. DOSSIER.

Ce n'en eſt point un, M. Pincerime.... C'eſt une réalité.... Vous étiez pénétré de l'Edit du Roi.... Vous vous êtes endormi, & votre imagination a fait le reſte.... Vous m'avez tranſporté! c'eſt, en vérité, un chef-d'œuvre que votre rêve!... Il m'a attendri juſqu'aux larmes. Il faut que vous ayez une prodigieuſe mémoire, pour avoir retenu ſi parfaitement ce ſublime Diſcours du Roi à ſon Peuple.

M. PINCERIME.

Les belles choſes ſe retiennent facilement, ſur-tout quand elles nous affectent. Si vous les aviez entendues comme moi, M. Doſſier, vous euſſiez dit: ce n'eſt pas un Mortel qui parle, ce n'eſt pas un Roi, non, c'eſt un Dieu!.... Les paroles de ce Prince ſeront gravées à jamais dans mon cœur....

M. DOSSIER, *vivement.*

Et dans le mien ! Je voudrois être riche; je ſerois

deſſiner votre rêve , & je le ferois buriner afin de le rendre immortel.... Après cela, je prévois que vous m'avez fait une bonne Chanſon.

M. PINCERIME.

J'eſpere qu'elle vous fera plaiſir : quand le ſujet eſt intéreſſant, qu'il eſt ſublime , il y a de quoi puiſer dans des ſources ſemblables.... J'ai intitulé ma Chanſon : Le Chant du Cœur.

M. DOSSIER.

On verra bien que vous avez fait votre titre d'après celui du Cri du Cœur.

M. PINCERIME.

Il eſt vrai : ce petit Dialogue m'a paru, dans ſa ſimplicité , ̈bien réfléchi : croirez-vous que j'ai pleuré comme un enfant, en le liſant.

M. DOSSIER.

C'eſt tout comme moi : j'ai même vû des perſonnes au-deſſus du commun , verſer des larmes de ſentimens à la lecture.

M. PINCERIME.

C'eſt le plus grand éloge qu'on en puiſſe faire.... Cela doit conſoler l'Auteur de tout le mal qu'on peut en avoir dit.

M. DOSSIER.

N'y a-t-il pas des Sots par-tout :... Briſons-là. Je ſuis curieux de voir votre Chanſon :

M. PINCERIME.

La voilà....

LE CHANT DU CŒUR
SUR LE NOUVEAU RÊGNE.

Sur l'air : *Liſon dormoit , &c.*

Que l'allégreſſe nous anime !
En bons François , chantons du cœur,
Un Prince déjà magnanime
Par ſes bienfaits , par ſa candeur !

Il remplit tant notre espérance ,
Qu'on crie aux Champs , comme à Paris :
Vive LOUIS ! vive LOUIS !
Il veut le bonheur de la France !
Vive LOUIS ! vive LOUIS !
Il ne veut régner qu'à ce prix.

Les bonnes Mœurs & la Sagesse
Vont reparoître avec éclat.
Vous qui viviez dans la molesse ,
Ne corrompez plus ce climat.
De notre Roi suivez l'exemple :
De ses Vertus soyez épris :
Vive LOUIS ! vive LOUIS !
Que toute la France contemple !
Vive LOUIS ! vive LOUIS !
Il ne veut régner qu'à ce prix.

Si nous avons eu quelques peines,
Nous n'en aurons plus , Dieu merci !
Il ne sera point de semaines,
Où nous n'ayons moins de souci.
Grace à la bonté Souveraine ,
D'impôts nous serons affranchis !
Vive LOUIS ! vive LOUIS !
Vive aussi notre aimable Reine !
Vive LOUIS ! vive LOUIS !
Il ne veut régner qu'à ce prix.

Comtes , Marquis , payez vos dettes ,
Et soutenez l'honneur François :
Quittez vos Maitresses coquettes
Qui ne vous aimerent jamais.
Vivez avec plus de décence ,
Soit à la Cour, soit à Paris ;
Vive LOUIS ! vive LOUIS !
Mondains , imitez sa prudence ;
Vive LOUIS ! vive LOUIS !
Il ne veut régner qu'à ce prix.

Jeunes Garçons & jeunes Filles ,
Du tendre Hymen suivez les Loix.

Faites honneur à vos Familles ;
Mariez-vous, faites un choix.
Ce Regne promet bonne chance ;
On n'en peut douter par ces cris :
Vive LOUIS ! vive LOUIS !
Il nous ramene l'abondance.
Vive LOUIS ! vive LOUIS !
Il ne veut régner qu'à ce prix.

M. DOSSIER.

Elle est excellente ! Il semble que l'air ait été fait sur vos paroles... Vous vous êtes, ma foi, surpassé ;... mais, *inter nos*, cela ne vaut pas votre songe.... Il me revient toujours à l'esprit.... J'en suis enchanté ! émerveillé !... Quand j'y pense, je suis d'une satisfaction inexprimable. Je crois y être.

M. PINCERIME.

Vous me prodiguez là des éloges que je ne mérite pas....

M. DOSSIER.

Vous voulez que je vous fasse des complimens.... cela ne sera pas vrai.... A propos, on m'a donné ce matin un Vaudeville à la louange du Roi & de la Reine. Voulez-vous l'écouter ?..

M. PINCERIME.

S'il en vaut la peine, volontiers.

M. DOSSIER.

Il suffit que cela regarde notre Auguste Monarque, pour faire plaisir à tout le monde.

L'ALLÉGRESSE PUBLIQUE.

CHANSON NOUVELLE.

Sur l'air : *On dit qu'à quinze ans, &c.*

CHANTONS à jamais
Le jeune Roi, la jeune Reine,
Qui, par leurs bienfaits,
Veulent régner sur les Français. *Fin.*
Le plaisir à la peine

Succéde déjà dans Paris :
 Sur les bords de la Seine ,
 Ce n'eft que jeux & ris.
 Chantons à jamais , &c.

 D A N S ce Régne d'or ,
On verra briller la Sageffe ;
 Dans ce Régne d'or ,
On croira vivre fous Neftor. *Fin.*
 Les Vieillards , la Jeuneffe ,
Tous voudront être hommes de bien :
 Vive un Roi qui s'empreffe
 De nous faire du bien !
 Dans ce Régne d'or , &c.

 C I T O Y E N S heureux ,
Nous allons vivre avec aifance :
 Citoyens heureux ,
L O U I S met le comble à nos vœux ? *Fin.*
 Le bonheur de la France
Eft décidé depuis un mois :
 Telle eft notre efpérance ,
 Sous le meilleur des Rois !
 Citoyens heureux , &c.

 V I V E un Roi fi bon !
Vive fon Epoufe chérie !
 Vive un Roi fi bon !
Et l'augufte Sang de Bourbon ! *Fin.*
 Que notre ame attendrie
De tant de bienfaits inouis ,
 A chaque heure s'écrie :
 Vive , vive L O U I S !
 Vive un Roi , &c.

 D E tout notre cœur ,
Remercions la Providence !
 De tout notre cœur ,
Amis , chantons notre bonheur ! *Fin.*
 Les malheurs de la France
Vont difparoître fous nos yeux !
 La joie & l'abondance
 Vont régner en tous lieux :
 De tout notre cœur , &c.

M. PINCERIME.

Vous avez bien gagné ce verre de vin.... Buvons....   M. DOSSIER.

A la santé du Roi, de la Reine & de son auguste Famille....   M. PINCERIME.

Bravo !.... A leur santé, de toute mon ame !... Le sentiment des François est assez bien exprimé dans cette Chanson....

M. DOSSIER.

C'est ce que j'ai pensé.... Je veux faire un Recueil de tout ce qui paroîtra à la louange d'un si bon Roi que le nôtre.... La copie de cette Chanson me coûte, ma foi, un verre de liqueur..... J'en aurois payé une pinte pour l'avoir. On y voit le cœur des François à découvert....   M. ADVERBE.

Excusez, Messieurs, si je prends la liberté de vous interrompre..... Je viens d'entendre une Chanson à la louange de notre jeune Roi, qui m'a fait un plaisir infini... Ne seroit-il pas imprudent de vous en demander une copie.. Je suis Maître d'Ecole, je m'appelle Adverbe, & je demeure à Passy : le tout, Messieurs, à charge de revanche...

M. PINCERIME.

Comment! Monsieur! vous êtes Habitant de Passy, & vous quittez cet heureux séjour, tandis que tout Paris y vole pour voir la Famille Royale.

M. ADVERBE.

Vous avez raison, Monsieur : depuis ce matin je me suis privé du plaisir de voir Leurs Majestés afin d'aller chez un Imprimeur, pour lui donner une Chanson de ma composition en l'honneur du Roi.

M. DOSSIER.

Il n'y a rien à dire à cela... Monsieur, est donc aussi Poëte?   M. ADVERBE.

Oui, Monsieur, par occasion.

M. PINCERIME.

Et l'Imprimeur s'est-il accommodé de votre Ouvrage?

M. ADVERBE.

Avec empreſſement! Il m'en a paru ſi ſatisfait qu'il
m'a donné ce petit Dialogue du Charbonnier Fran-
cœur, que j'ai lu, chemin faiſant, & que je porte à
ma femme & à mes enfans pour nous en divertir ce
ſoir après ſoupé.

M. DOSSIER.

Ah! ah! c'eſt le Cri du Cœur!...

M. PINCERIME, *à M. Adverbe.*

Qu'en penſez-vous, Monſieur?...

M. ADVERBE.

Aſſez bien: ſi ce n'eſt que l'Auteur a donné ſou-
vent trop d'eſprit à ſes perſonnages.

M. PINCERIME, *avec chaleur.*

Trop d'eſprit! On n'en a jamais trop, Monſieur le
Maître d'Ecole, quand il s'agit de faire l'Eloge d'un
Monarque auſſi rempli de Vertus que le nôtre!

M. ADVERBE.

J'ai tort, Monſieur... Cependant je trouve qu'il
n'eſt pas vraiſemblable qu'un Charbonnier parle avec
tant d'éloquence. Entre nous, il n'eſt pas cenſé avoir
étudié....

M. PINCERIME.

Je le ſçai, Monſieur, mais l'Auteur a fait ſes études:
& dans ces momens, où le Charbonnier s'exprime
avec enthouſiaſme, il eſt aiſé de voir que l'eſprit de
l'Auteur, animé du ſujet qu'il traite, l'égare, & qu'il
croit parler lui-même.

M. ADVERBE.

D'accord; c'eſt cependant un défaut qu'on ne trou-
vera pas dans ma Chanſon.

M. DOSSIER.

A propos, vous devriez bien nous en régaler.

M. ADVERBE.

Avec d'autant plus de plaiſir, que je ſerai flatté
d'avoir votre approbation... la voici:

CHANSON NOUVELLE

EN L'HONNEUR DU JOYEUX AVENEMENT DE LOUIS XVI AU TRÔNE.

Sur l'Air : *Brillant Soleil ! Brillant Soleil.*

Ou : *Ah ! le bel Oiseau Maman !*

CHANTONS un Roi bienfaisant :
C'est notre Dieu sur la Terre :
Pour nous quel divin présent !
Il nous tiendra lieu de Pere.
Vive à jamais un si bon Roi
  Qu'on admire & qu'on révere !
François, criez tous avec moi,
  Vive, vive un si bon Roi.

  LOUIS fait notre bonheur ;
Il procure l'abondance :
Il veut régner sur le cœur
Des François par la clémence :
Vive à jamais un si bon Roi !
  L'espérance de la France :
François, criez tous, &c.

  Il refuse l'appareil
Qu'exige son rang suprême :
Où trouver un cœur pareil ?
  Aimons un Roi qui nous aime.
Vive à jamais un si bon Roi !
  Notre bonheur est extrême !
François, criez tous, &c.

  PAR lui des ruisseaux de lait,
Vont serpenter dans les plaines :
Le Nectar le plus parfait
Va couler de nos fontaines.
Vive à jamais un si bon Roi !
  Vive la REINE des REINES !
François, criez tous, &c.

  LE Laboureur est content,
Et se rendant plus utile,
Il répetera souvent,
Mon champ deviendra fertile :
Vive à jamais un si bon Roi !

Pour la France il en vaut mille !
François, criez tous, &c.
    Ah ! pour vous quel heureux sort,
Beau Berger, tendre Bergere,
Qu'hymen & l'amour d'accord,
Uniront sur la fougere !
Vive à jamais un si bon Roi !
    Vive un regne aussi prospère !
François, criez tous, &c.

    La Gazette à l'Univers
    Annonce sa bienfaisance;
    Et chaque Peuple divers
    Est jaloux de notre aisance.
Vive à jamais un si bon Roi !
    Sous lui nous ferons bonbance :
François, criez tous, &c.

    O Ciel, pour combler nos vœux,
    Couronner notre allégresse;
    Donnez-lui des jours heureux :
    Que nous répetions sans cesse:
Vive à jamais un si bon Roi !
    Digne de notre tendresse !
François, criez tous, &c.

M. ADVERBE, *après avoir chanté.*
Eh bien, Messieurs, la trouvez-vous de votre goût?
M. PINCERIME.
Elle est bonne : tout y respire l'amour des François
pour leur Maître. Si vous en êtes l'Auteur, je vous en
fais mon compliment.
M. ADVERBE, *avec modestie.*
Ah ! Monsieur....
M. DOSSIER.
C'est sans flatterie : M. Pincerime s'y connoît...
Quant à moi, j'y trouve tout excellent ; mais j'aurois
voulu que vous eussiez fait un couplet ou deux pour
notre Auguste Reine.
M. ADVERBE.
Un couplet ou deux ! mon dessein est bien de faire
pour cette aimable Princesse, une Chanson entiere.

M. PINCERIME.

Parbleu, Messieurs, il me vient une idée, si nous faisions imprimer ces trois Chansons ensemble.

M. DOSSIER.

Ça ne seroit pas mal ; Monsieur y consent-il ?

M. ADVERBE.

De tout mon cœur. Je suis même confus de l'honneur que je reçois.

M. DOSSIER.

Faites-mieux, M. Pincerime : accompagnez ces Vaudevilles de notre Conversation ; n'obmettez point sur-tout votre Rêve, il est sublime, & il doit faire la plus grande sensation.

M. PINCERIME.

Je vous entends ; la pensée n'est pas mauvaise... J'y travaillerai. Demain c'est une affaire bâclée, après demain approuvée, le sur-lendemain permise, & deux jours après imprimée.

M. ADVERBE.

C'est fort bien : j'exigerois de vous, Messieurs, que vous m'en envoyassiez quelques Exemplaires à Pasly.

M. PINCERIME.

Cela est trop juste, je m'en charge... Ne partons-nous pas pour la Muette... Quatre heures viennent de sonner.... & je suis bien-aise d'arriver à tems...

M. DOSSIER.

Achevons cette bouteille ; buvez un coup, M. Adverbe. Vous avez de l'esprit, je serai charmé de faire connoissance avec vous.

M. ADVERBE.

Nous allons partir ensemble... Ces Messieurs vont voir Leurs MAJESTÉS. Vous serez, en vérité, enchanté de l'air affable du ROI & de la REINE, & de l'amitié qu'ils témoignent à leur Peuple.

Lu & approuvé, à Paris, ce 18 Juin 1774. MARIN.

Permis d'imprimer, &c. ce 19 Juin 1774. DE SARTINE.